J. B. M. MONTANÉ

A LA

CONVENTION NATIONALE.

REPRÉSENTANS,

Le 10 mars 1793, v. s., le tribunal révolutionnaire fut créé.

Le 15 du même mois les juges et les jurés furent nommés au scrutin secret et à la pluralité des suffrages. Je fus président.

J'étois digne de la confiance de la représentation nationale. Je n'ai jamais cessé de l'être. Agé de 43 ans, j'avois été auparavant dans mon pays, juge, et juge-de-paix pendant vingt années, avec l'estime générale.

Le 29 juillet suivant, je fus dénoncé par *Fouquier-Tinville*. Les débats publics qui vont s'ouvrir dans son affaire, où je suis assigné comme témoin, prouveront enfin à la convention nationale, et à la république entiere, quels furent les véritables motifs de sa dénonciation.

Le lendemain, 30, un décret ordonna :

« 1°. Que je serois traduit au tribunal révolutionnaire, et jugé par la deuxieme » section.

» 2°. Qu'il seroit nommé le lendemain un » citoyen pour remplir *provisoirement* les » fonctions de président de la premiere sec- » tion que je présidois ».

J'ai demandé immédiatement l'exécution de ce décret. Mon épouse la sollicitoit trés-vivement. Fouquier-Tinville qui ne vouloit plus me voir en place, la fit arrêter cinq jours après.

Le 27 fructidor dernier j'ai enfin été jugé publiquement et acquitté.

J'ai demandé immédiatement mon traitement en exécution de la loi du 4 mai 1793 (v. s.); la commission des tribunaux m'a répondu que la loi étoit formelle, mais qu'une lettre du comité des finances lui prescrivoit de ne payer que les fonctionnaires réintégrés.

Quoique la loi ne l'exige pas, et pour faire cesser cette difficulté, j'ai demandé ma place. Ma pétition a été renvoyée au comité de législation.

Ce comité a pensé et arrêté, le 19 vendemiaire et le 28 brumaire, « qu'il n'y avoit » lieu à délibérer sur la demande en réintégra- » tion, le motif pris de la réorganisation » qui fut faite du tribunal en exécution de la » loi du 26 septembre ».

J'observe que cette loi fut rendue *pendant* ma suspension, et *avant* mon jugement, et mon acquittement, et enfin que ce motif *n'est pas de mon fait*, et provient d'une circonstance *extraordinaire et la seule* dans la république.

Cet arrêté à la main, j'ai demandé de nouveau mon traitement. La commission m'a renvoyé au comité des finances.

Par arrêté du 7 frimaire courant, ce comité a autorisé la trésorerie nationale à payer mon traitement jusqu'à la réorganisation du premier octobre 1793, faite en exécution de la loi du 26 septembre, c'est-à-dire de deux mois seulement, tandis que j'ai été détenu pendant treize mois et demi, et mon épouse autant, dans deux prisons séparées.

Surpris de cette précision, j'ai réclamé. Le président et le rapporteur m'ont observé que le traitement m'étoit dû *comme appointemens*, jusqu'à la réorganisation; que le surplus m'étoit dû aussi, non comme appointemens, mais à titre d'indemnité, et qu'il falloit un décret pour cela.

Représentans, ces deux détentions aussi injustes que cruelles nous ont ruinés. Je dis *injustes*, puisque d'un côté n'ayant commis aucun délit, j'ai été acquitté, et que de l'autre, mon épouse est sortie de sa prison, sans que personne lui ait jamais fait la moindre inculpation, ni demande. Quelle horrible persécution !

Représentans, depuis *trois mois* je demande mon traitement; je le demande en vertu d'une loi formelle. Si Je ne suis pas réintégré, (ce que la loi n'exige pas) ce n'est pas *par mon fait*, puisqu'une force majeure, et une circonstance extraordinaire et unique dans la nation, s'y opposent. (Il n'y a qu'un seul tribunal révolutionnaire dans la république).

Je supplie, en conséquence, la convention nationale de décréter sans autre renvoi, « que je serai payé du traitement que je réclame en exécution de la loi du 26 septembre 1793 (v. s.), et dont j'ai le besoin le plus urgent et le plus absolu, ou comme apointemens, ou à titre d'indemnité ».

Ce 27 frimaire, l'an troisieme de la république une et indivisible.

Signé, J. B. M. Montané.

www.ingramcontent.com/pod-product-compliance
Ingram Content Group UK Ltd.
Pitfield, Milton Keynes, MK11 3LW, UK
UKHW020501220726
13923UKWH00006B/2695

9 782019 298616